JN024657

やさしい味わい、
素材のうまみ

スープ

THE SOUP RECIPE BOOK

しらいしやすこ

成美堂出版

1杯のスープが 幸せや優しさをくれる

古今東西、さまざまなスープが生まれ人々に愛されてきました。

素材のうまみがしっかり溶け込んだスープは栄養たっぷり。

ちょっと体調が悪いときでも「スープならのどを通る」

という体験をした方も多いでしょう。

忙しい毎日だからこそ、ホッとひと息つけるスープを作ってみませんか?

冷たくても温かくても美味

滋養に満ちた栄養の宝庫

CONTENTS

PART 03 煮込むスープ

本書の見方

・材料や作り方に表示している小さじ1は5ml、大さじ1は15mlです。

・火加減は、特に記載がない場合は中火です。

・しょうゆとある場合は濃い口しょうゆ、味噌とある場合は淡色味噌です。

・市販の顆粒コンソメは好みの種類のものを使用してください。固形タイプを使用する場合、「顆粒コンソメ小さじ2＝固形コンソメ1個」が目安となります。

・基本的に野菜は、皮をむく、へたや種を取る、根元を切り落とすなどの下ごしらえを済ませてからの手順としています。

・加熱時間などはあくまで目安です。オーブントースターや電子レンジは機種によっても差があります。様子を見ながら調整してください。

スープ作りの基本

具材を煮る、炒めてから煮るなど、
スープ作りの基本となる
4パターンのレシピをご紹介します。
煮込んでいくうちに味が出る食材もあるので、
最後に味を調整するのがコツです。
また、味の土台となるだしの作り方を覚えると、
より美味しいスープが楽しめます。

美味しいスープを作るためには簡単なように見えて
ちょっとしたコツがあります。
知っておくといいポイントをご紹介しましょう。

POINT 1 — 薄めに作って 塩分量 の調節は最後に

ベーコンはうまみや塩味が汁に溶け込むので、
塩分量は控えめで OK。

ベーコンからも
塩味は出ます

しょっぱければ白ワインや
日本酒の煮切りを加える

塩を多めに入れてしまい、しょっ
ぱくなってしまったら水で薄める
のではなく、煮切った日本酒や
白ワインで味の調節をしたほう
が美味しく仕上がります。

POINT 2 — うまみ の出る食材を使う

肉や肉加工品、魚の缶詰などはうまみが強く、
美味しいスープを作るためには欠かせない食材です。
また、トマトや干ししいたけもイノシン酸やグルタミン酸といった
うまみがたっぷり含まれています。

うまみの出る食材をいくつか使えば
味に深みが出ます

POINT

3 作り方の 基本は4つ

細かいところに違いはありますが、スープの作り方は大きく分けると
4つになります。

① 具材を入れて煮込む
→14ページ参照

② 具材を炒めてから水分を入れて煮る
→16ページ参照

③ 具材を煮てから攪拌する
→18ページ参照

④ すべての具材を混ぜる
→20ページ参照

POINT **4** 市販のものでもよいけれど

スープストック を作って使えば本格的な味わいに

市販のコンソメやだしを使ってもいいですが、時間や心に余裕があるときは10ページから紹介するスープストックを作って、それを使ってスープを作ってみましょう。より深い味わいになります。

スープストック

ひき肉スープストック

ひき肉だしならば手軽に短時間で美味しいだしを取ることができます。
豚と鶏を合わせることで複雑な味わいに。

材料（作りやすい分量）

豚ひき肉…150g
鶏ひき肉…150g
ねぎ（青い部分）…1本分
玉ねぎ…1/2個
しょうが（薄切り）…4枚
水…1500ml

下ごしらえ

玉ねぎはひと
口大に切る。
ねぎの青い部
分は鍋に入る
大きさに切る。

①

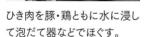

ひき肉を豚・鶏ともに水に浸し
て泡だて器などでほぐす。

②

野菜も加えて火にかけ、沸騰
したら弱火にしてあくを取りつ
つ、15分煮る。

③

ボウルとざるを重ね、ペーパ
ータオルを敷いたとところに
②を注ぎ、濾す。

SOUP STOCH
02

スープストック

野菜スープストック

さまざまな香味野菜のうまみが複雑に絡まった野菜だしはすっきりしているのに奥深い味わい。
シンプルな具材のスープにおすすめ。

材料 (作りやすい分量)

パセリ…1本
にんじん…1本
セロリ…1本
キャベツ…1/8個
玉ねぎ…1個
にんにく…2かけ
水…2500ml

下ごしらえ

キャベツと玉ねぎ、セロリの葉の部分はざく切りにする。にんじんは皮をむかずに斜め切り、セロリも斜め切りにする。パセリは2〜3等分にし、にんにくはつぶす。

 1

野菜をすべて鍋に入れ、水を加えて煮る。

2

沸騰したらあくを取りつつ、30分煮る。

3

ボウルとざるを重ね、ペーパータオルを敷いたところに②を注ぎ、濾す。

スープストック

和風だし

昆布とかつおぶしでていねいにひいた和風だしは香りもよく、格別な美味しさです。
思っているより簡単なのでぜひ一度作ってみてください。

材料（作りやすい分量）

かつおぶし…20g
昆布…10cm
水…1000ml

下ごしらえ

昆布は1時間
ほど、水に浸
けておく。

昆布を水に浸けたものを弱
火にかけてプクプクと泡が
出てきたら取り出す（沸騰さ
せない）。

沸騰したらかつおぶしを加え、2分煮る。火を
止め、かつおぶしが沈むでそのまま置く。

ボウルとざるを重ね、ペーパ
ータオルを敷いたところに②
を注ぎ、濾す。

市販のだし

◎ 中華だし

定番の鶏だしのほか、豚骨でだしを
ひくものや、貝柱や牡蠣のうまみを
加えたものもあります。

◎ かつおだし

かつおぶしの粉末にうまみ成分を混
ぜた顆粒状のだし。スープだけでな
く炒め物にも。

◎ コンソメ・ブイヨン

ブイヨンは鶏肉をベースに香味野菜
やスパイスを加えた洋風だし。コンソ
メはブイヨンをベースに味付けした
スープで、顆粒や固形があります。

◎ 昆布だし

溶けやすい顆粒タイプの昆布だし。
乾物の昆布を水に浸す手間がない
ので使いやすいです。

◎ ベジタブルブイヨン

動物性の材料を使わず、にんじん
や玉ねぎなどの植物性の材料のみ
を使って作られたブイヨン。

◎ あごだし

あごはとびうおのこと。新鮮なとびう
おを炭火で焼いて乾燥させてから
粉末状にしただしです。

◎ フォンドボー

仔牛の肉と骨、野菜を一緒に煮込
んで作られる濃厚な味わいの洋風
だしです。

◎ 鶏がらスープ

鶏肉の身と鶏がらからじっくり煮出し
たスープを顆粒状にしています。

◎ フュメドポワゾン

ヒラメなどの白身魚から取った洋風
だし。顆粒状のほか、濃縮タイプも
あります。

基本のスープ❶　（　煮る　）

トマトと卵のスープ

具材を入れて煮るだけですが、素材の味が汁に溶け込み美味しく仕上がります。
煮立ってからトマトを加えるのがポイントです。

材料（3〜4人分）

トマト…2個
卵…2個
にんにく…1片
野菜スープストック…800ml
（または水800ml＋鶏がらスープの素小さじ2）
塩、こしょう…各適量
水溶き片栗粉
（片栗粉を同量の水で溶いたもの）…適量

下ごしらえ

トマトはざく切り、にんにくはみじん切り、
卵は溶いておく。

①鍋にスープストックとにんにくを入れて火にかける。

②煮立ったらトマトを加えて煮る。

③トマトが煮崩れてきたら塩、こしょうで味を調え、水溶き片栗粉を加えてとろみをつける。

④溶き卵を細く垂らすように少しずつまわし入れる。全体を軽く混ぜ、火を止める。

15

基本のスープ❷ （ 炒めて煮る ）
ミネストローネ

具を油でコーティングすることで
風味が引き出され、煮くずれしにくくなります。

材料（3〜4人分）

ベーコン（1cmの角切り）…100g
白いんげん豆（水煮）…100g
キャベツ（3cmのざく切り）…50g
じゃがいも（1.5cmの角切り）…1個
トマト…1個（約180g）
セロリ（1cmの角切り）…1本
玉ねぎ（1cmの角切り）…1/2個
にんじん（1cmの角切り）…1/2本
にんにく（みじん切り）…1片
野菜スープストック…1000ml
（または水1000ml＋顆粒コンソメ小さじ2）
ローリエ…1枚
タイム…1枝（ドライの場合は小さじ1）
オリーブオイル…大さじ2
塩、粗挽き黒こしょう…適量
パルミジャーノチーズ、
イタリアンパセリ（みじん切り）…各適量

下ごしらえ

トマトは湯むきして、ざく切りにする。
じゃがいもは水にさらす。

① 鍋にオリーブオイルを入れ、にんにくとベーコンを弱火で炒める。

② 香りが出たら、セロリ、玉ねぎ、にんじんを加える。弱めの中火にし、塩をひとつまみ入れて炒める。野菜がしっとりとしてきたら、白いんげん豆、キャベツ、じゃがいもを加えてさらに炒める。

③ 全体がなじんだらトマトを加えて絡むように混ぜ、スープストック、ローリエ、タイムを入れて強火にする。

POINT

野菜を炒めるときに塩を加えることで、水分を引き出します。

④ 煮立ったらアクを取り、弱火にして30分ほど煮込む。野菜がくたくたになったら塩、黒こしょうで味を調える。

⑤ 器に盛り、パルミジャーノチーズをのせ、イタリアンパセリを散らす。

基本のスープ❸（煮て撹拌する）
コーンポタージュ

ブレンダーやミキサーを持っていれば、
ポタージュは実はとても簡単に作ることができます。
手作りのコーンポタージュは格別な美味しさです。

材料（3〜4人分）

とうもろこし（生）…3本
水…600ml
牛乳…150ml
塩…小さじ1/2〜2/3
クルトン…適量

下ごしらえ

とうもろこしは包丁で実を
縦に削ぐ。芯は取っておく。

④で濾して残った絞りがらは、片栗粉を加
えて焼いたり、ホットケーキミックスに混ぜて
焼いたりして食べるとおやつにもなります。

① 鍋に水ととうもろこしの芯を
入れて強火にかける。煮立
ったら弱火にし、蓋をして8
〜10分ほど煮る。

② とうもろこしの芯を取り出
し、実を加えて中火にする。
煮立ったら再び弱火にし、
5分ほど煮る。

③ 火からおろし、ブレンダー（ま
たはミキサー）で滑らかにな
るまで撹拌する。

POINT

ミキサーを使用する場
合は、蓋をしっかり押
さえて、少しずつ段階
を踏んで撹拌するよう
にすると、ふきこぼれた
りせずに撹拌できます。

④ ③を濾して鍋に戻す。牛乳
を加えて温め、塩で味を調
える。

⑤ 器に盛り、クルトンをのせ
る。

基本のスープ❹（ 混ぜる ）

冷や汁

混ぜるだけでできる冷たいスープ。
下ごしらえした各材料を最後に合わせます。
味噌など溶けにくい調味料は
少しずつのばしましょう。

材料（3〜4人分）

鯵の干物…2尾
木綿豆腐…150g
きゅうり（薄い輪切り）…1本
大葉（せん切り）…4枚
みょうが（輪切り）…2個
すりごま（白）…大さじ1
だし汁…500ml
味噌…大さじ4
ごはん…適量

下ごしらえ❶

鯵の干物は焼いて、粗くほぐす。

下ごしらえ❷

豆腐は手でひと口大にちぎり、キッチンペーパーを敷いたバットに並べ、水けを切っておく。

下ごしらえ❸

きゅうりは塩（分量外・小さじ1/4程度）をして5分おき、水けを絞る。大葉とみょうがは水にさらす。

下ごしらえ❹

アルミホイルに味噌を平らに広げ、トースターや魚焼きグリルで焦げ目がつくまで5分ほど焼く。

① ボウルに味噌を入れ、だし汁を少しずつ加えてのばす。

② 鯵、豆腐、きゅうり、水けを切った大葉とみょうがを加える。すりごまを加えて混ぜ、冷蔵庫で冷やす。

③ 器によそったごはんにたっぷりかける。

食感やコク、香りをプラス

浮き実

フライドオニオン

パセリ

細ねぎ

白ごま

パルメザンチーズ

アーモンド

フライドベーコン

クルトン

クラッカー

ポタージュに散らすパセリや、味噌汁に加える細ねぎのように、スープの仕上げにトッピングする具のことを「浮き実」といいます。見た目を華やかにしたり、食感のアクセントになったり、香りやコクをプラスしたりする役割があり、スープをワンランク引き上げてくれる存在です。

毎日のスープ

野菜、肉、魚介類の
それぞれが主役のスープをご紹介します。
他の料理と組み合わせやすいスープから、
それだけで満足感のあるスープまでバリエーション豊か。
「今日はどれにしようかな」と
迷っている時間もきっと楽しくなるはずです。

加熱しているがゆえに野菜をたっぷり食べられるスープ。ありそうでなかった組み合わせの野菜スープを集めました。

BEANS AND POTATOES

豆とじゃがいものスープ

豆たっぷりのシンプルなスープにバターを添えて。
アンチョビで塩けとコクを加えます。

材料（3〜4人分）

えんどう豆…200g
ひよこ豆（水煮）…100g
いんげん（1cm幅に切る）…8本
じゃがいも（2cmの角切り）…3個
玉ねぎ（薄切り）…1/2個
アンチョビ（粗みじん切り）…3枚
ひき肉スープストック…800ml
（または水800ml＋
顆粒コンソメ小さじ2）
オリーブオイル…大さじ2
塩…適量
バター（好みで）…適量

作り方

1 えんどう豆は半量をゆでて水にとる。

2 鍋にオリーブオイルとアンチョビを入れて弱火で炒め、玉ねぎも加えてしっとりするまで炒める。

3 生のえんどう豆、ひよこ豆、いんげん、じゃがいもを加え、中火で炒め合わせる。

4 全体に油がまわったらスープストックの1/4量を入れて蓋をし、弱火で10分ほど蒸し煮にする。

5 じゃがいもがやわらかくなったら混ぜ、とろりとしてきたら残りのスープストックとゆでたえんどう豆を加える。煮立ったら塩で味を調える。

6 器に盛り、薄く切ったバターをのせる。

なすとスパイスの
とろとろスープ

スパイスが効いたエスニック風。
なすは皮をむき、形がなくなるまで炒めます。

材料（3〜4人分）

なす…6本
にんにく（みじん切り）…2片
クミン（ホール）…小さじ1/2〜1
野菜スープストック…800ml
（または水800ml＋顆粒コンソメ小さじ2）
オリーブオイル…大さじ3
塩…適量
ガラムマサラ、ポワブル
（または粗挽き黒こしょう）…各少々

作り方

1 なすは皮をむいてひと口大に切り、水に10分さらし、水けをきる。

2 鍋にオリーブオイル、にんにく、クミンを入れ弱火で炒める。

3 香りが出たら弱めの中火にしてなすを加え、全体に油がまわるよう炒める。

4 スープストックを加えて強火にする。煮立ったら弱火にして蓋をし、20分ほど煮る。なすがやわらかくなったら、木べらで粗く潰し、塩で味を調える。

5 器に盛り、オリーブオイル（分量外）をまわしかけ、ガラムマサラとポワブルを振る。

TOMATO AND CHEESE

トマトとチーズの
スープ

最後にたっぷりチーズをのせるので
味は薄めに仕上げるのがポイントです。

材料（3〜4人分）

トマト（完熟）…4個（600g）
玉ねぎ（みじん切り）…1/2個
野菜スープストック…400ml
（または水400ml＋顆粒コンソメ小さじ1）
オリーブオイル…大さじ1
砂糖…少々
好みのパン…3〜4枚
にんにく…1片
パルミジャーノチーズ…適量
塩…適量

作り方

1　トマトは湯むきしてざく切りにする。

2　鍋にオリーブオイルを熱し、玉ねぎと砂糖をひとつ
　　まみ入れて弱火で炒める。

3　玉ねぎが透き通ってしっとりとしてきたら、トマトを
　　加えて中火にし、全体を混ぜ合わせる。スープス
　　トックを加え、煮立ったら蓋をして弱火で10分ほど
　　煮込む。その間にパンを軽くトーストして、にんにく
　　をこすりつける。

4　塩で味を調えて器に盛り、パルミジャーノチーズを
　　たっぷりかける。オリーブオイル（分量外）を垂らし、
　　③のトーストを添える。

PORK AND CABBAGE
豚肉とせん切りキャベツの味噌汁

ボリュームがありつつほっとするやさしい味。
すりごまで風味が豊かになります。

材料（3〜4人分）

豚バラ薄切り肉（ひと口大に切る）…4枚
キャベツ（せん切り）…200g
だし汁…700ml
酒…100ml
味噌…大さじ4
すりごま（白）…適量
しょうが（すりおろし）…20g

作り方

1 鍋にだし汁と酒を入れて火にかけ、煮立ったら中
　火にして豚肉を入れる。

2 豚肉の色が変わったらキャベツを加え、弱火で7〜
　8分ほど煮る。

3 キャベツがしんなりしたら、味噌を溶き入れる。

4 器に盛り、すりごまを振ってしょうがを添える。

HOT AND SOUR
野菜たっぷり
酸辣湯
<small>さんらーたん</small>

野菜のせん切りは長さをそろえると
美しく仕上がります。

材料（3〜4人分）

白菜…2枚
にんじん（5cm長さのせん切り）…1/3本
長ねぎ（5cm長さのせん切り）…1本
しいたけ（軸は裂き、かさは薄切り）…4個
えのきだけ（半分の長さに切る）…1袋
きくらげ…4g
卵…2個
ひき肉スープストック…800ml
（または水800ml＋鶏がらスープの素小さじ2）
しょうゆ…大さじ1/2
塩…適量
水溶き片栗粉
（片栗粉を同量の水で溶いたもの）…適量
酢…大さじ3
ラー油、ごま油…各大さじ1

作り方

1 白菜は葉と芯に分け5cm長さのせん切りにする。きくらげはぬるま湯に10分浸けて戻し、5cm長さのせん切りにする。

2 鍋にスープストックを入れて火にかけ、白菜の芯とにんじんを入れる。

3 白菜の葉、長ねぎ、しいたけ、えのきだけ、きくらげを加える。

4 具に火が通ったらしょうゆを加える。塩で味を調え、水溶き片栗粉を加えてとろみをつける。

5 卵を溶きほぐし、細く垂らすように少しずつまわし入れる。酢を加えてひと混ぜし、ラー油とごま油を加える。

AVOCADO AND SOUR CREAM

アボカドのスープ
サワークリームのせ

ディルの爽やかな香りとサワークリームの酸味が
コクのあるアボカドによく合います。

材料（3〜4人分）

アボカド…2個
玉ねぎ（みじん切り）…1/2個
┌ サワークリーム…90g
A ディル（みじん切り）…2枝
└ にんにく（すりおろす）…1片
ひき肉スープストック…400ml
（または水400ml＋顆粒コンソメ小さじ2）
牛乳…400ml
バター…20g
塩、こしょう…各適量

作り方

1 鍋にバターを溶かし、玉ねぎをしっとりするまで弱火で炒める。

2 アボカドは皮つきのまま縦に切り込みを入れ、半分に割って種を除き、スプーンで実をくり抜いて①に加える。
　中火にし、アボカドを木べらで大きく崩すように炒め、スープストックを加えて弱火で10分ほど煮る。

3 牛乳を加えて再度煮立たせ、塩、こしょうで味を調える。

4 器に盛り、混ぜ合わせたAをのせて溶かしながら食べる。

CAULIFLOWER

カリフラワーのくたくたスープ

カリフラワーの甘みを堪能できるクリームスープ。
生クリームを使った濃厚な味わいです。

材料（3〜4人分）

カリフラワー（小房に分けざく切り）…350g
玉ねぎ（みじん切り）…1/2個
米…大さじ1
（またはごはん大さじ3）
ひき肉スープストック…500ml
（または水500ml＋鶏がらスープの素小さじ2）
生クリーム…200ml
バター…20g
塩…適量
オリーブオイル…適量
好みのチーズ…適量
粗挽き黒こしょう…適量

作り方

1 鍋にバターを熱して溶かし、玉ねぎを入れて弱火で炒める。玉ねぎがしっとりしてきたらカリフラワーを加え、中火にして炒める。

2 カリフラワーに油がなじんだら、スープストックと米を加える。煮立ったら弱火にし、ときどきかき混ぜながら15分ほど煮込む。

3 カリフラワーがやわらかくなったら、木べらで粗く潰しながら混ぜる。とろみがついてきたら生クリームを加え、塩で味を調える。

4 オリーブオイルをまわしかける。器に盛り、チーズをのせ、黒こしょうを振る。

BORSCHT
ボルシチ
· · · · · · · · · · ·

たっぷり添えたサワークリームを
溶かしながらいただきます。

材料(3〜4人分)

牛塊肉※…350〜400g
ビーツ
(5mm幅の拍子木切り)…1個(約300g)
キャベツ(太めのせん切り)…150g
玉ねぎ(薄切り)…1/2個
セロリ(斜め薄切り)…1/2本
にんにく(みじん切り)…1片
水…1200ml
オリーブオイル…大さじ1
塩、こしょう…各適量
サワークリーム、ディル…各適量

※すね肉、肩肉、バラ肉など好みの部位

作り方

1 鍋に水と牛肉を入れて火にかけ、煮立ったら弱火で1時間ほどゆでる。途中水が減ったら、肉が浸る程度に水を足す。
　ゆで上がった牛肉は取り出してひと口大にほぐす(ゆで汁は取っておく)。

2 鍋にオリーブオイルとにんにくを入れて弱火で炒め、香りが出たら中火にして、キャベツ、セロリ、玉ねぎを炒める。
　全体がなじんだらビーツを加え、蓋をして弱火で10分ほど蒸し焼きにする。

3 ①のゆで汁を加えて強火にし、煮立ったら弱火で30分ほど煮る。①の牛肉を加えてさらに10分煮て、塩、こしょうで味を調える。

4 器に盛り、サワークリームとディルをのせる。

たっぷりねぎスープ

素材のうまみを生かしてシンプルに。
小鍋仕立てのスープです。

材料（3〜4人分）

豚バラ薄切り肉（ひと口大に切る）…100g
長ねぎ（1cm厚さの輪切り）…2本
豆苗（2〜3等分に切る）…1パック
しょうが（せん切り）…10g
ひき肉スープストック…1000ml
（または水1000ml＋鶏がらスープの素小さじ2）
ごま油…大さじ1
塩…適量

作り方

1 鍋にごま油としょうがを入れて弱火で炒め、香りが
　出たら豚肉を加えて中火で炒める。

2 豚肉の色が変わったら長ねぎとスープストックを入
　れて強火にする。煮立ったら弱火で15分ほど煮込
　む。

3 長ねぎがとろりとやわらかくなったら豆苗を加えて
　混ぜ、塩で味を調える。

4 器に盛り、ごま油（分量外）を垂らす。

PUMPKIN
かぼちゃのポタージュ

牛乳を使ってあっさりめの仕上がりです。
むいた皮は炒めてトッピングにしても。

材料（3〜4人分）

かぼちゃ
（皮をむき1cm厚さのいちょう切り）…1/4個（約400g）
玉ねぎ（繊維と直角に薄切り）…1/2個
野菜スープストック…250〜300ml
（または水250〜300ml※＋顆粒コンソメ小さじ2）
牛乳…200ml
塩、こしょう…各適量
バター…20g
生クリーム（あれば）…適量

※水の量はかぼちゃの水分量によって調整する

作り方

1 鍋にバターを溶かし、玉ねぎを入れて弱めの中火
  で炒める。しっとりしてきたらかぼちゃを加え、中火
  で炒める。

2 全体がなじんだらスープストックを加え、蓋をして
  10分ほど煮る。

3 かぼちゃがやわらかくなったら、ブレンダー（または
  ミキサー）で滑らかになるまで撹拌する。

4 牛乳を加えて温め、塩、こしょうで味を調える。

5 器に盛り、生クリームを回しかける。

ONION GRATIN

オニオングラタンスープ

玉ねぎが飴色になるまでじっくり炒めるのがポイント。
うまみたっぷりのリッチな味わいです。

材料（3〜4人分）

玉ねぎ（薄切り）…2個
バゲット（スライス）…6〜8枚
グリュイエールチーズ（またはシュレッドチーズ）…適量
ひき肉スープストック…600ml
（または水600ml＋顆粒コンソメ小さじ2）
白ワイン…50ml
バター…20g
砂糖…少々
粗挽き黒こしょう…適量

作り方

1 バゲットは乾かす程度に軽く焼いておく。

2 鍋にバターを溶かし、玉ねぎと砂糖を入れて弱めの中火にし、玉ねぎが
茶色くくたくたになるまで炒める。途中焦げつきそうになったら、白ワイン
を加え、鍋底の焦げをこそげとるように混ぜる。煮詰まったら焦げないよ
う水（分量外）を少しずつ加えながら、飴色になるまで20〜30分炒める。

3 スープストックを加え、焦げをきれいにこそげながら15分ほど煮込む。オ
ーブンを220℃に予熱しておく。

4 耐熱容器によってバゲットとグリュイエールチーズをのせ、オーブンで
10分焼く。黒こしょうを振る。

ヴィシソワーズ

· ·

滑らかな舌触りが上品な冷製ポタージュ。
おもてなしの1品にも最適です。

材料（3〜4人分）

じゃがいも…2個
玉ねぎ（繊維と直角に薄切り）…1/2個
長ねぎ（薄い小口切り）…1/2本
ひき肉スープストック…400ml
（または水400ml＋顆粒コンソメ小さじ2）
牛乳…300ml
バター…20g
塩…適量
シブレット（または細ねぎ・小口切り）…適量
しょうゆ麹（あれば）…少々

作り方

1 じゃがいもは5mm厚さのいちょう切りにして、水に
　さらし、水けを切る。

2 鍋にバターを溶かし、弱めの中火で玉ねぎと長ね
　ぎを炒める。しっとりとしたらじゃがいもを加えて全
　体がなじむまで炒める。

3 スープストックを加え、蓋をして弱火で15分ほど蒸
　し煮にする。

4 じゃがいもがやわらかくなったら、ブレンダー（また
　はミキサー）で滑らかになるまで攪拌する。牛乳を
　加えて混ぜ、塩で味を調えてよく冷やす。

5 器に盛り、シブレットとあればしょうゆ麹をのせる。

CARROT

にんじんのポタージュ

にんじんをたっぷり2本使います。
トッピングにはクミンもおすすめ。

材料（3〜4人分）

にんじん（薄切り）…2本（約400g）
ごはん…40g
野菜スープストック…800ml
（または水800ml＋顆粒コンソメ小さじ2）
バター…20g
オリーブオイル…大さじ1
砂糖…大さじ1/2
塩、こしょう…各適量
ナッツ（砕く）…少々

作り方

1 鍋にバターとオリーブオイルを熱し、バターが溶け
たら弱めの中火でにんじんを炒める。全体に油が
まわったら、砂糖を加えてさらに炒める。

2 にんじんにツヤが出てしっとりとしたら、スープスト
ックとごはんを加え、蓋をして弱火で10〜15分煮
る。

3 にんじんがやわらかくなったら、ブレンダー（または
ミキサー）で滑らかになるまで攪拌し、塩、こしょう
で味を調える。

4 器に盛り、オリーブオイル（分量外）をまわしかけ、
ナッツをのせる。

桃のスープ

やさしい甘みと爽やかな酸味に、
生ハムの塩けが調和します。

材料（3〜4人分）

桃（ひと口大に切る）…2個
┌ ヨーグルト…30g
│ 牛乳…120ml
A 生クリーム…80ml
└ 白ワイン（あれば）…大さじ1

塩、砂糖…各適宜
生ハム…適量
オリーブオイル…適量

作り方

1 桃とAをブレンダー（またはミキサー）で
　攪拌する。

2 塩と砂糖で味を調える。

3 器に盛り、オリーブオイルをまわしかけて
　生ハムをのせる。

GAZPACHO
ガスパチョ
. . . .

夏野菜で作るさっぱりスープ。
暑い季節にぴったりです。

材料（3〜4人分）

トマト…2個（⑤1/8個）
パプリカ（赤）…2個（⑤40g）
きゅうり…1本（⑤1/4本）
玉ねぎ…50g（⑤10g）
バゲット…40g
にんにく（すりおろし）…1/2片
水…100ml
オリーブオイル…大さじ4
赤ワインビネガー（または酢）…小さじ2
塩…小さじ1
レモン、ミントやバジル（あれば）…少々
黒こしょう…適量

⑤トッピング用。取り分けておく

作り方

1 トッピング用の野菜はみじん切りにする。
　バゲットはちぎって水に浸しておく。

2 パプリカはトースター（または魚焼きグリル）で焼いて皮を焦がす。
　粗熱が取れたら皮をむいて種を取り、粗く刻む。トマトと玉ねぎはざく切りにする。
　きゅうりは種を除いて粗く刻む。

3 ブレンダー（またはミキサー）で①のバゲット、②、にんにく、水、オリーブオイル、
　赤ワインビネガーを攪拌する（攪拌後、スープが固いようなら水を足して調整する）。塩で味を調え、よく冷やす。

4 器に盛り、トッピング用の野菜をのせる。あればレモンやミント、バジルなどをのせる。
　オリーブオイル（分量外）をまわしかけ、黒こしょうを振る。

PORK AND SAUERKRAUT
豚肉とザワークラウトのスープ

ザワークラウトのやさしい酸味を生かした一皿。
こしょうや唐辛子が味を引き締めます。

材料（3〜4人分）

豚肩かたまり肉
（3〜4等分に切る）…400g
ザワークラウト（市販）…300g
玉ねぎ（くし形切り）…1個
にんにく（潰す）…1片
┌ 水…1000ml
│ 黒こしょう（ホール）…10粒
A
│ 赤唐辛子…1本
└ タイム（ドライでもよい）…1〜2枝
オリーブオイル…大さじ1
塩…適量

作り方

1 豚肉の表面に重量の1%の塩を振る。

2 鍋にオリーブオイルとにんにくを入れて弱火で炒め、香りが出たら中火で
　肉を両面焼く。

3 玉ねぎとザワークラウトを加えて炒める。全体に油がまわったらAを加え、
　強火にする。煮立ったら弱火にして30分煮る。

4 肉がやわらかくなったら、塩で味を調える。

PORK AND VEGETABLES

豚汁
・・・・・・

味噌は半量を後から加えることで
風味が飛ぶのを防げます。

材料（3〜4人分）

豚バラ薄切り肉（3cm幅に切る）…100g
大根（5mm厚さのいちょう切り）…5cm程度
にんじん（5mm厚さのいちょう切り）…1/3本
里芋（ひと口大に切る）…2個
ごぼう…1/3本
長ねぎ（1cm幅の小口切り）…1/2本
こんにゃく…100g
だし汁…800ml
ごま油…大さじ1
酒…大さじ2
味噌…大さじ4
一味唐辛子（好みで）…少々

作り方

1 ごぼうはささがきにして水にさらす。こんにゃくは
　2cm大にちぎって下ゆでする。

2 鍋にごま油を熱し、強火で豚肉とごぼうを炒める。
　肉の色が変わったら酒を加え、長ねぎ以外の野菜
　とこんにゃくを加えて炒める。

3 全体に油がまわったらだし汁を加える。煮立ったら
　弱火にし、アクを取りながら4〜5分煮て野菜に火
　を通す。

4 味噌の半量を溶かし入れる。長ねぎを加え、さらに
　5分煮て残りの味噌を溶き入れる。

5 器に盛り、一味唐辛子を振る。

PORK AND JAPANESE RADISH
豚バラと
大根の山椒スープ

花山椒がピリリと効いたスープに
黒酢をかけながらいただきます。

材料（3〜4人分）

豚バラ薄切り肉（3〜4等分に切る）…300g
大根（薄い半月切り）…10cm程度
ごはん…80g
しょうが（せん切り）…2片
ひき肉スープストック…800ml
（または水800ml+鶏がらスープの素小さじ2）
ごま油…小さじ2
花山椒…小さじ1
塩…適量
黒酢…適宜

作り方

1 鍋にごま油、しょうが、花山椒を入れて炒める。香りが出たら豚肉を加えて炒める。

2 大根を加えてさらに炒め、全体に油がまわったら、スープストックとごはんを加えて強火で煮る。煮立ったら、弱火にして10分ほど煮る。

3 スープにとろみがついてきたら、塩で味を調える。

4 ごま油（分量外）をまわしかけ、器に盛る。好みで黒酢をかけながら食べる。

CHICKEN MEATBALLS AND LOTUS ROOT

鶏団子とれんこんのスープ

れんこんは叩いて潰して食感に変化をつけます。
すだちをのせてさっぱりと。

材料（3〜4人分）

鶏ひき肉…250g
れんこん…200g
┌ 溶き卵…1個
│ 長ねぎ（みじん切り）…1/4本
A│ しょうが（みじん切り）…1片
│ 塩、しょうゆ…各少々
└ 片栗粉…大さじ1
┌ 水…800ml
│ 酒…50ml
B│ みりん…大さじ1
└ 塩…小さじ2/3
しょうゆ…適量
すだち（輪切り）…1個

作り方

1 ボウルに鶏ひき肉とAを入れてよく練る。

2 鍋にBを入れて火にかけ、煮立ったら①をスプーンなどですくってひと口大に丸めて8〜10分ゆでる。

3 れんこんは二重にしたビニール袋に入れ、麺棒などで叩いて粗めに潰す。

4 ②の鶏団子に火が通ったら、③を少しずつ加えて4〜5分煮る。しょうゆで味を調える。

5 器に盛り、すだちをのせる。

CHICKEN THIGH WITH BONE

水炊き風スープ
· ·

骨付きの鶏から出るうまみたっぷり。
クレソンの苦みがアクセントになります。

材料（3〜4人分）

鶏もも肉（骨付き・ぶつ切り）…800g
クレソン（長さを半分に切る）…2束
長ねぎ（斜め切り）…1本
しょうが（1cm厚さの薄切り）…1片
にんにく（潰す）…1片
水…800ml
酒…200ml
塩…適量
フライドオニオン…適量

作り方

1 鍋に水と酒、鶏肉、長ねぎ、しょうが、にんにくを
 入れて強火で30分ほど煮る。途中でアクを取り、
 水が減ってきたら具がかぶるくらいに足す。

2 塩で味を調え、クレソンを加えてひと混ぜする。

3 器に盛り、フライドオニオンをのせる。

WON-TON

ワンタンスープ

つるんと口当たりのよいワンタンが
たっぷり入って満足感あり。

材料（3〜4人分）

豚ひき肉…120g
┌ しょうが（すりおろし）…1/2片
│ 酒…大さじ1
A │ しょうゆ…大さじ1/2
│ ごま油…小さじ1
└ 塩、こしょう…各少々
ワンタンの皮…30枚程度

ひき肉スープストック…800ml
（または水800ml+
鶏がらスープの素小さじ2）
塩…適量
白髪ねぎ…1/2本分

作り方

1 ボウルに豚ひき肉とAを入れてよく練り、ワンタンの皮にのせて三角形の2つ折りにして包む。

2 鍋にスープストックを入れて強火にかけ、煮立ったら①を入れてゆでる。

3 ワンタンがふっくらとし皮に透明感が出てきたら、火を弱めて塩で味を調える。

4 器に盛り、白髪ねぎをのせる。

BEEF AND TAKANA
牛肉と高菜のスープ
・・・・・・・・・・・・・・・・・・・・・・・
ごま油で高菜を炒めるのがポイント。
中華麺にもよく合うスープです。

材料（3～4人分）

牛薄切り肉（半分に切る）…300～400g
高菜漬け（1cm幅に刻む）…200g
にんにく（みじん切り）…2片
赤唐辛子（半分に折る）…1本
ひき肉スープストック…800ml
（または水800ml+
鶏がらスープの素小さじ2）

ごま油…大さじ1
しょうゆ…大さじ1と1/2
オイスターソース…大さじ1/2
塩…少々
粗挽き黒こしょう…適量

作り方

1 鍋にごま油、にんにく、唐辛子を入れ炒め
　る。香りが出たら高菜漬けを加え、全
　体に油がまわるまで炒める。

2 スープストックを入れて強火にする。煮立
　ったら弱火にし、牛肉を加えて軽く火を
　通し、しょうゆ、オイスターソースを加え
　る。塩で味を調える。

3 器に盛り、黒こしょうを振る。

MINCED PORK
ひき肉の担々スープ

オイスターソースを加えることで
ぐっとコクが出て美味しくなります。

材料 (3～4人分)

豚ひき肉…300g
豆もやし…1袋
チンゲン菜…2株
春雨…50g
しょうが (せん切り)…1片
にんにく (薄切り)…1片
すりごま (白)…大さじ4
豆乳…400ml
ひき肉スープストック…400ml
(または水400ml+鶏がらスープの素小さじ2)
酒…大さじ3
┌ 味噌…大さじ3
│ しょうゆ…大さじ2
A│ オイスターソース…小さじ2
└ 豆板醤…小さじ1
ラー油 (好みで)…適量

作り方

1 ボウルに豚ひき肉を入れ、酒を加えてほぐす。チンゲン菜は葉と茎に分け、茎は長さを半分にする。春雨は湯で表示通り戻して、ざく切りにする。スープストックにしょうがとにんにく、Aを加えて混ぜる。

2 鍋に豆もやし、春雨、ひき肉の順に重ね入れ、①のスープを注いで蓋をし、ひき肉に火が通るまで8分ほど煮る。

3 豆乳、すりごま、チンゲン菜の茎を加える。1分立ったらチンゲン菜の葉を加え、チンゲン菜に火が通るまで軽く煮る。

4 器に盛り、好みでラー油をかける。

BEEF AND MUSHROOM

牛肉ときのこのユッケジャンスープ

ごはんにかけて「クッパ」にして
食べるのもおすすめです。

材料（3〜4人分）

牛薄切り肉（ひと口大に切る）…300g
まいたけ（小房に分ける）…1パック（約100g）
しめじ（小房に分ける）…1パック
しいたけ（4等分に裂く）…4個
にんにく（薄切り）…1片
ひき肉スープストック…800ml
（または水800ml＋鶏がらスープの素小さじ2）
┌ コチュジャン、しょうゆ…各大さじ2
A　みりん…大さじ1
└ 一味唐辛子（または豆板醤）…小さじ2〜（好みで）
ごま油…小さじ2
塩…適量
白ごま…適量

作り方

1 鍋にごま油とにんにくを入れて牛肉を炒める。

2 肉の色が変わったらAを加えて炒め、さらにきのこ類も加えて炒め合わせる。

3 スープストックを入れて強火にし、煮立ったらアクを取って中火で5〜6分煮る。

4 塩で味を調え、器に盛り、ごまを振る。

独特な風味が出る魚介を用いたごちそう感のあるスープを紹介します。

おもてなし料理にもおすすめの1品たちです。

BISQUE

海老のビスク

海老の風味が濃厚でリッチなごちそうスープ。
海老は殻ごとブレンダーにかけます。

材料（3人分）

赤海老…10尾
にんじん…（1cmの角切り）…1/3本
セロリ（1cmの角切り）…1/4本
玉ねぎ（1cmの角切り）…1/4個
にんにく（みじん切り）…1/2片
ローリエ…1枚
水…600ml
生クリーム…100ml
トマトペースト
（スティックタイプ）…2袋（14g）
ブランデー…大さじ2
オリーブオイル…大さじ2
塩…適量
スライスアーモンド…適量

作り方

1 鍋にオリーブオイルを入れ、にんじん、セロリ、玉ねぎ、にんにくをしっとりするまで炒める。

2 海老を加え、木べらで海老を潰してうまみをしっかりと出しながら炒める。海老に火が通り香ばしい匂いがしてきたら、トマトペーストを加えて炒め、さらにブランデーを加えて炒め合わせる。

3 水を加えて強火にする。煮立ったらアクを取り、ローリエを入れて弱火にして20分ほど煮る。

4 ブレンダー（またはミキサー）で撹拌する（熱いものをミキサーにかけるときは、膨張して吹きこぼれないよう、粗熱をとり、数回に分けて短めに撹拌する）。

5 ④を濾し器で濾して鍋に戻し、生クリームを加えて軽く温める。塩で味を調える。

6 器に盛り、生クリーム（分量外）をまわしかけ、スライスアーモンドをのせる。

WHITE-FLESHED FISH
白身魚のサフランスープ

白身魚に粉をまぶして焼くのがポイント。
このひと手間で煮崩れを防げます。

材料 (3〜4人分)

好みの白身魚※…3切れ
玉ねぎ (薄切り)…1/2個
じゃがいも (3〜4cmの角切り)…2個
トマト (ざく切り)…1個
にんにく (潰す)…1片
野菜スープストック…800ml
(または水800ml＋顆粒コンソメ小さじ2)
サフラン (刻む)…ひとつまみ
小麦粉…大さじ2
オリーブオイル…大さじ2
塩、こしょう…各適量
生クリーム…適量

※金目鯛、すずき、鯛、鱈など好みのもの

作り方

1 魚に塩を少々振り、両面に小麦粉をまぶしつける。
鍋ににんにくとオリーブオイルを入れ、弱火で魚を
軽く焼き色がつく程度に両面焼いて取り出す。

2 ①の鍋で玉ねぎを炒め、しっとりとしてきたらじゃが
いもを加えて炒め、さらにトマトも加えて炒める。

3 スープストックとサフランを入れて強火で煮る。アク
を取り、弱火で10〜15分煮たら魚を戻し入れ、さ
らに10分ほど煮る。塩、こしょうで味を調える。

4 器に盛り、生クリームを垂らす。

CLAM CHOWDER

クラムチャウダー
· ·

あさりは蒸し煮にしていったん取り出し
最後に戻し入れてふっくら仕上げます。

材料 (3〜4人分)

あさり (殻付き・砂抜き)…500g
ベーコンスライス (短冊切り)…2枚
マッシュルーム (薄切り)…4個
じゃがいも (1cmの角切り)…1個
にんじん (1cmの角切り)…1/3本
玉ねぎ (1cmの角切り)…1/4個
A ⌈ 白ワイン…50ml
  └ 水…200ml
野菜スープストック…400ml
(または水400ml＋顆粒コンソメ小さじ2)
牛乳…300ml
バター…30g
小麦粉…30g
塩…適量
クラッカー、パセリ…適宜

作り方

1 鍋にあさりとAを入れ、蓋をして蒸し煮にする。殻が開いたら、あさりと汁を分けて取り出しておく。

2 鍋にバターを溶かし、ベーコン、マッシュルーム、じゃがいも、にんじん、玉ねぎと塩少々を入れて炒める。
　全体にしっとりとしてきたら小麦粉を振り入れ、粉気がなくなるまで炒める。

3 ①の煮汁とスープストックを入れて7〜8分煮る。野菜に火が通ったら牛乳を加えて軽く煮て、塩で味を調える。
　①のあさりを戻し入れる。

4 あさりが温まったら器に盛り、砕いたクラッカーをのせ、刻んだパセリを散らす。

SALMON
サーモンクリームスープ

サーモンと相性のよいディルを散らした
北欧風のクリームスープです。

材料（3〜4人分）

生サーモン…3切れ
じゃがいも（ひと口大に切る）…2個
にんじん（輪切り）…1/2本
玉ねぎ（みじん切り）…1/2個
にんにく（みじん切り）…1片
野菜スープストック…400ml
（または水400ml＋顆粒コンソメ小さじ2）
牛乳…200ml
生クリーム…100ml
バター…20g
塩、こしょう…各適量
ディル…少々

作り方

1 サーモンは皮を取って大きめのひと口大に切り、塩
  （小さじ1/2）を振る。

2 鍋にバターとにんにく、玉ねぎを入れて炒め、しっ
  とりとしてきたらじゃがいもとにんじんを加えて炒め
  る。

3 スープストックを加えて強火にし、煮立ったら弱火
  にして野菜に火が通るまで10分ほど煮る。

4 牛乳とサーモンを加える。サーモンに火が通ったら
  生クリームを加えて温め、塩、こしょうで味を調え
  る。

5 器に盛り、刻んだディルを散らす。

OYSTER
牡蠣のシチュー

濃厚な牡蠣とジューシーなかぶを
まろやかなホワイトシチューに。

材料（3〜4人分）

牡蠣…300g
かぶ…3〜4個
ひき肉スープストック…400ml
（または水400ml+顆粒コンソメ小さじ2）
牛乳…400ml
A ┌ バター…30g
　└ 小麦粉…大さじ2
塩、こしょう…各適量

作り方

1 Aのバターは室温でやわらかくし、小麦粉と混ぜ
合わせておく。牡蠣は3%程度の塩水で洗って水
けをとる。かぶの実はくし形切り、茎は小口切りに
する。

2 鍋にスープストックを入れて火にかけ、牡蠣をサッ
とゆでていったん取り出す。

3 同じ鍋にかぶの実を加えてやわらかくなるまで15
〜20分ほど煮る。

4 牛乳を加える。煮立ったら弱火にして牡蠣を戻し
入れ、かぶの茎部分も加える。

5 Aを溶き入れ、塩、こしょうで味を調える。

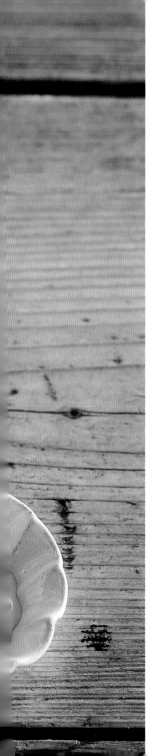

BOUILLABAISSE

ブイヤベース

海の幸がたっぷり入った豪華な一皿。
手間はかかりますが、美味しさは格別です。

材料（3～4人分）

白身魚※…200g
有頭海老…8尾
イカ…1杯
ムール貝…8個
トマト（1cmの角切り）…2個
玉ねぎ（薄切り）…1/2個
セロリ（薄切り）…1/2本
にんにく（粗みじん切り）…1片
トマトペースト（スティックタイプ）…1袋（7g）
┌ サフラン…小さじ1/2
A 白ワイン…200ml
└ ローリエ…1枚
水…1000ml
オリーブオイル…大さじ1
塩、こしょう…各適量
バゲット…適量

【ルイユ風ソース】
にんにく（すりおろし）…1片
マヨネーズ…大さじ3
サフラン…ひとつまみ
塩…少々

※鯛、すずきなど好みのもの

作り方

1 魚は4～5cm大に切る。イカは内臓を取り、目
   やくちばし、吸盤などを取り除いて足を2本ずつ
   に切り分け、胴は輪切りにする。魚とイカに軽く
   塩を振る。

2 鍋にオリーブオイルを入れて弱めの中火で魚を
   両面焼いて取り出す。海老とイカも同様にする。

3 ②の鍋で玉ねぎ、にんにく、セロリを炒め、しっ
   とりとしてきたらAを加える。

4 魚、トマト、トマトペーストを加え、水を注いで
   強火にする。煮立ったらアクを取り、海老、イカ、
   イカ、ムール貝を加えて中火で5～6分煮る。ムー
   ル貝が開いたら塩、こしょうで味を調える。

5 ルイユ風ソースを作る。サフランは刻んで水（小
   さじ2程度・分量外）に浸して色を出したら、マ
   ヨネーズに加え、にんにくと塩も加えて混ぜる。

6 ④を器に盛り、焼いたバゲットやルイユ風ソー
   スを添える。

鱈とじゃがいものスープ

トマト缶の酸味でさっぱりしつつも
にんにくや唐辛子のパンチもあります。

材料（3〜4人分）

塩鱈（甘口）…3切れ
じゃがいも（3cmの角切り）…2個
玉ねぎ（2cmの角切り）…1個
にんにく（薄切り）…2片
オリーブ（種ぬき）…8個程度
赤唐辛子（半分に折る）…1本
トマトカット缶…1缶
野菜スープストック…600ml
（または水600ml＋顆粒コンソメ小さじ2）
オリーブオイル…大さじ1
塩…適量
イタリアンパセリ…適量

作り方

1 鱈は皮をひいて4〜5等分に、オリーブは半分に切
　る。

2 鍋にオリーブオイル、にんにく、唐辛子を入れて弱
　火で炒める。香りが出たら鱈を加えて焼く。表面に
　焼き色がついたら玉ねぎを加えて炒め、次にじゃ
　がいもを加えて中火でさらに炒める。

3 全体に油が回ったらオリーブ、トマト缶、スープスト
　ックを加え、煮立ったら弱火で15分ほど煮る。じゃ
　がいもに火が通り少しとろりとしてきたら、塩で味
　を調える。

4 器に盛り、オリーブオイル（分量外）をまわしかけ、
　刻んだイタリアンパセリを散らす。

TOM YAM KUNG
トムヤムクン
. . . .

世界三大スープにも数えられる
タイの代表的なスープです。

材料 (3〜4人分)

有頭海老 (背ワタを取る)…3尾
しめじ (小房に分ける)…100g
紫玉ねぎ (薄切り)…1/4個
トマト (ざく切り)…1/2個
A ┌ しょうが (皮ごと薄切り)…20g
　│ レモングラス…4本
　│ 赤唐辛子…2本
　│ ひき肉スープストック…700ml
　│ (または水700ml +
　└ 鶏がらスープの素小さじ2)
B ┌ 干し海老…大さじ1
　│ にんにく (すりおろし)…1片
　│ コチュジャン…大さじ1
　└ 砂糖、ラー油…各小さじ1
ナンプラー…大さじ1と1/2
砂糖…小さじ1
ライム、パクチー…適宜

作り方

1 Bの干し海老は水 (大さじ1程度・分量外) で戻して、細かく刻む (戻し汁は取っておく)。Bの材料をすべて合わせる。

2 鍋にAを入れて温め、海老を加える。火を少し弱めてしめじと紫玉ねぎも加える。

3 トマト、B、ナンプラー、砂糖を加えて5分ほど煮る。

4 器に盛り、ライムと刻んだパクチーを添える。

SALMON AND SALMON ROE

親子粕汁
. . . .

酒粕の効果で体が芯から温まるので
冷えやすい人におすすめです。

材料 (3 〜 4 人分)

塩鮭 (甘口) …3切れ
大根 (1cm厚さのいちょう切り) …10cm程度 (約120g)
にんじん (1cm厚さのいちょう切り) …1/4本
油揚げ…1枚
細ねぎ (斜め切り) …1本
いくら※…大さじ4
だし汁…800ml
酒粕…80g
味噌…大さじ2〜※

※いくらは塩漬け、しょうゆ漬けのどちらでもよい
※味噌の分量は塩鮭の塩分によって調整する

作り方

1 鮭は4〜5等分に切る。油揚げは熱湯をかけて油抜きし、短冊に切る。

2 鍋にだし汁、大根、にんじん入れて火にかける。火が通ったら、鮭、油揚げ
  を加えて弱火で3〜4分煮る。

3 小さめのボウルに酒粕を入れ、②の汁を少し加えてほぐす。

4 鮭に火が通ったら③と味噌を溶き入れる。青ねぎを加えてひと混ぜする。

5 器に盛り、いくらをのせる。

FISH BALL

鰯のつみれ汁

つみれにはしょうがをたっぷり入れて、
鯵や鯖、秋刀魚などでも美味しくできます。

材料（3〜4人分）

鰯…5尾（500g）
┌ しょうが（すりおろし）…20g
│ 片栗粉…大さじ1
A│ 味噌…小さじ2
└ 塩…小さじ1/3

だし汁…800ml
酒…大さじ1
塩…小さじ1/3
しょうゆ…少々
細ねぎ（小口切り）…4本

作り方

1 鰯は内臓を取り、手開きにして皮をひき、包丁で細かく
叩く。ボウルに入れ、Aを加えてよく練る。

2 鍋にだし汁と酒を入れて強火にかけ、煮たったら①を
スプーンなどですくって落とし入れる。

3 弱火にして塩としょうゆで味を調える。

4 器に盛り、細ねぎを散らす。

SEA BREAM BORN

鯛の潮汁

・・・・・・・・・・・

アラは丁寧に下処理をするのが
雑味のない味に仕上げるポイントです。

材料（3〜4人分）

鯛のアラ…450g
昆布…10cm程度
水…800ml
酒…小さじ2
薄口しょうゆ…小さじ1/2
塩…小さじ1/2
白髪ねぎ…1/4本分
三つ葉…適量

作り方

1 鯛のアラはザルなどに広げ、塩（小さじ
  1・分量外）を振って10分くらいおく。
  鍋に水と昆布を入れておく。

2 ①の鯛に熱湯をかけて霜降りにし、流
  水で洗って血合いや鱗などを取り除く。

3 ①の鍋を弱〜中火にかけ、沸騰する直
  前に昆布を取り出す。鯛を入れ、アクを
  取りながら15〜20分ほど煮る。調味料
  を加えて味を調える。

4 器に盛り、白髪ねぎと三つ葉をのせる。

TAIWAN STYLE SOY MILK

台湾風豆乳スープ

台湾の朝食の定番、鹹豆漿風のスープ。
モロモロと固まった豆乳に具をのせていただきます。

材料（3人分）

無調整豆乳…800ml
ザーサイ（刻む）…40g
桜海老…20g
パクチー（刻む）…適量
黒酢…大さじ4
ナンプラー…小さじ2
ラー油…適量

作り方

1 桜海老はフライパンで軽く炒っておく。

2 鍋に豆乳とナンプラーを加えて火にかける。煮立つ直前に火を止め、黒酢をまわし入れて軽く混ぜる。

3 豆乳がモロモロと固まってきたら、器に盛り、ザーサイ、桜海老、パクチーをのせてラー油をまわしかける。

SUNDUBU JJIGAE
スンドゥブチゲ
韓国料理の定番ピリ辛スープは
あさりのうまみがたっぷり。

材料 (3人分)

おぼろ豆腐…600g
あさり(砂抜きする)…150g
豚バラ薄切り肉
(ひと口大に切る)…6枚
白菜キムチ…100g
にんにく(粗みじん切り)…2片
卵…3個

A ┌ ひき肉スープストック…600ml
  │ (または水600ml+
  │ 鶏がらスープの素小さじ1)
  │ しょうゆ…大さじ1と1/2
  │ コチュジャン、砂糖…各大さじ1
  └ 一味唐辛子(好みで)…少々
ごま油…小さじ2
細ねぎ(小口切り)…適量

作り方

1 鍋にごま油をひいて豚肉、にんにくを軽く炒める。キムチを加えてさらに炒める。

2 Aを加えてひと煮立ちさせ、豆腐、あさりを加えて煮込む。

3 あさりが開いたら卵を加え、好みの固さになったら火を止めて、細ねぎを散らす。

FRIED TOFU AND BAKED RICE CAKE

焼き餅と油揚げのスープ

香ばしく焼き色をつけたお餅を
だし汁でいただくお雑煮風。

材料（3人分）

鶏もも肉（小さめのひと口大に切る）…1枚
餅（半分に切る）…4個
油揚げ（ちぎる）…2枚
水菜（ざく切り）…2株（約100g）
だし汁…1000ml
酒、みりん…各大さじ1
塩…小さじ1/2
しょうゆ…少々

作り方

1 餅はトースターなどで焼いておく。油揚げは熱湯をかけて
油抜きをし、冷めたら水けを絞る。

2 鍋にだし汁と鶏肉を入れて火にかけ、煮立ったら弱火に
してアクを取る。油揚げを加えて6～7分煮る。

3 酒、みりん、塩を加えてひと混ぜし、しょうゆで味を調え
る。

4 ①の餅と水菜を入れてさっと煮て、火を止める。

SCALLOP AND LETTUCE
ホタテとレタスのスープ
· ·
美味しさがぎゅっと詰まったホタテ缶を
汁ごと使った簡単スープです。

材料 (3人分)

ホタテ缶…2缶 (約170g)
レタス (ちぎる)…4枚
しょうが (すりおろす)…1片
┌ ひき肉スープストック…800ml
│ (または水800ml+鶏がらスープの素小さじ2)
A 酒…大さじ1
│ しょうゆ…小さじ1
└ 塩…小さじ1/2
ごま油、粗挽き黒こしょう…各少々

作り方

1 鍋にAを入れて火にかけ、煮立ったらホタテ缶を汁ごと加える。

2 レタスとしょうがを加えてひと混ぜし、塩 (分量外) で味を調える。

3 器に盛り、ごま油をかけて黒こしょうを振る。

CANNED MACKEREL AND SPINACH

鯖缶とほうれん草のカレースープ

魚のスープも缶詰を使えば簡単。
ごはんにもパンにもよく合います。

材料（3〜4人分）

鯖缶（水煮）…150g
ほうれん草（ざく切り）…3株
たけのこ（水煮・細切り）…100g
しめじ（小房に分ける）…1パック
玉ねぎ（5mm幅のくし形切り）…1/4個
にんにく（みじん切り）…1片
野菜スープストック…500ml
（または水500ml＋顆粒コンソメ小さじ2）
豆乳…300ml
オリーブオイル…大さじ1
カレー粉…小さじ2
塩、こしょう…各適量
好みのナッツ（粗みじん切り）…大さじ1

作り方

1 鍋にオリーブオイルとにんにくを入れ弱火で炒める。香りが出たら中火にし、たけのこ、しめじ、玉ねぎを加えて炒める。

2 カレー粉を振り入れてさらに炒め、全体がなじんだら、スープストックと鯖缶を汁ごと加え強火で煮る。

3 煮立ったら火を弱め、豆乳を加える。再び煮立ったらほうれん草を加えてひと混ぜし、塩、こしょうで味を調える。

4 器に盛り、ナッツを散らす。

わかめスープ

ひき肉スープストックを使うことで
シンプルながらも奥深い味わいになります。

材料（3人分）

乾燥カットわかめ…6g
長ねぎ（みじん切り）…1/2本
ひき肉スープストック…800ml
（または水800ml+鶏がらスープの素小さじ2）
ごま油…小さじ1
しょうゆ…小さじ2
塩、こしょう…各適量
炒りごま…少々

作り方

1 わかめは水で戻す。

2 鍋にごま油をひき、長ねぎを炒める。

3 スープストックを加え、煮立ったら火を少し弱めてわかめとしょうゆを加える。塩、こしょうで味を調える。

4 器に盛り、ごまを振る。

RIBOLLITA

リボリータ

・・・・・・・・・・・・・・・・・

たっぷりの野菜と豆、バゲットを使った
イタリアのトスカーナ地方の伝統スープ。

材料（3～4人分）

ひよこ豆（水煮）…300g
キャベツ（1cmの角切り）…150g
トマト（ざく切り）…1個
ベーコン（短冊切り）…4枚
玉ねぎ（1cmの角切り）…1個
セロリ（1cmの角切り）…1本
にんじん（1cmの角切り）…1/2本
バゲット…80g
にんにく（みじん切り）…2片
ひき肉スープストック…800ml
（または水800ml+顆粒コンソメ小さじ2）
ローリエ…1枚
オリーブオイル…大さじ1
塩、粗挽き黒こしょう…各適量
パルミジャーノチーズ…適量

作り方

1 鍋にオリーブオイルを熱してにんにくを炒め、ベーコン、玉ねぎ、セロリ、にんじんも加えて炒める。

2 ひよこ豆、キャベツ、トマト、スープストック、ローリエを加え、蓋をして20分ほど煮込む。

3 バゲットをちぎって加え、ひと煮立ちしたら塩と黒こしょうで味を調える。

4 器に盛り、パルミジャーノチーズをかけ、オリーブオイル（分量外）をまわしかける。

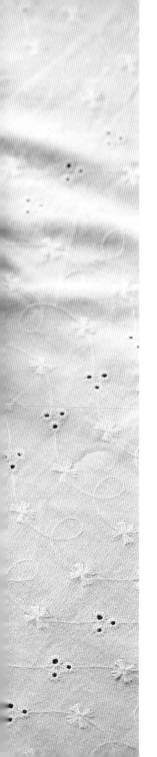

WHITE KIDNEY BEANS AND SAUSAGE

白いんげん豆とソーセージのスープ

いんげん豆たっぷりで食べ応え満点。
ソーセージは大きめのものを使うのがおすすめ。

材料 (3〜4人分)

白いんげん豆（水煮）…400g
ソーセージ（好みのもの）…8本
キャベツ（芯ごとくし形切り）…400g
玉ねぎ（8等分のくし形切り）…1個
にんにく（潰す）… 2片
タイム…1枝
ローリエ…2枚
ひき肉入ノストック…700㎖
（または水700ml+顆粒コンソメ小さじ2）
オリーブオイル…大さじ2
塩、こしょう…各適量

作り方

1 鍋にオリーブオイルを熱して、ソーセージとキャベツを焼き色がつくまで焼く。

2 白いんげん豆を汁ごと入れ、玉ねぎ、スープストックを加え、さらににんにく、タイム、ローリエも加えて煮る。

3 煮立ったら蓋をして弱火にし、20〜30分煮る。塩、こしょうで味を調える。

VEGETABLE BROTH

皮 や 芯 を 捨 て ず に 再 利 用

ベジブロス

野菜の皮や芯など捨ててしまいがちな部分も、
煮込めば美味しい「野菜だし」として活用できます。

野菜の皮や芯、ヘタなど、捨ててしまう部分を煮込ん
で「ベジブロス」として活用しましょう。

鍋に野菜くずと水、酒を入
れて煮込みます。野菜くず
200gに対して水1000〜
1200ml、酒小さじ1が分
量の目安です。

弱火で30分ほど煮込ん
だら、ザルなどで濾しま
す。冷蔵で4〜5日、冷凍
で1か月保存可能です。

とうもろこしの皮で
ホットケーキ

コレも
活用できる!

コーンポタージュを作る際、濾した後に残ると
うもろこしの皮は、パンケーキの生地に活用す
るのがおすすめ。香ばしい風味を楽しめます。

19ページ参照

03 煮込むスープ

この章では、シチューやポトフなど
時間をかけて煮込むスープを紹介します。
じっくりコトコト煮込んだスープは、
肉や野菜から溶け出したうまみがたっぷり。
時間はかかりますが
食卓のメインになるものも多いので
ぜひ作ってみてください。

SIMMERED TOMATO CREAM

ミートボールとキャベツの
トマトクリーム煮スープ

ミートボールたっぷりでメインおかずにも十分なボリューム。
生クリームを使ったマイルドなトマトクリーム味です。

材料（3〜4人分）

【ミートボール】
合い挽き肉…300g
玉ねぎ（みじん切り）…1/4個
卵…1個
パン粉…大さじ2
塩、こしょう、ナツメグ…各少々

キャベツ（ざく切り）…1/4個（300g）
玉ねぎ（薄切り）…1/4個
A ┌ トマトカット缶…1缶
  │ ひき肉スープストック…600ml
  └ （または水600ml+顆粒コンソメ小さじ2）
生クリーム…100ml
バター…20g
塩、こしょう…各適量
イタリアンパセリ（ざく切り）…1枝

パスタにかけて食べるのもおすすめ。スープが絡みやすいショートパスタがよく合います。

作り方

1 ミートボール用の玉ねぎは電子レンジ（500W）で1分加熱し、冷ましておく。

2 ボウルにミートボールの材料をすべて入れてよく練り混ぜ、ひと口大に丸める。

3 深めのフライパンにバターを溶かし、玉ねぎを炒める。しっとりしたら端へ寄せ、②を入れて焼く。

4 Aを加え、キャベツをのせて蓋をして煮る。煮立ったら弱火にし、途中で混ぜながら15〜20分煮る。

5 生クリームを加え、塩、こしょうで味を調える。器に盛り、イタリアンパセリを振る。

SHKMERULI

シュクメルリ
. . . .

にんにくのパンチが効いた
ジョージア伝統のクリーム煮。

材料(3〜4人分)

鶏もも肉(ひと口大に切る)…2枚
玉ねぎ(薄切り)…1/2個
にんにく(みじん切り)…1個
コリアンダー、フェネグリーク…各小さじ1/2
牛乳…600ml
塩…小さじ1
バター…20g
オリーブオイル…大さじ1
チーズ(生食用)…100g

作り方

1 鶏肉に塩を振り、揉み込む。

2 深めのフライパンにオリーブオイルをひき、鶏肉を両面に焼き色がつくまで焼いて取り出す。

3 ②のフライパンにバター、玉ねぎ、にんにくを入れ、弱火でしっとりとするまで炒める。

4 コリアンダーとフェネグリークを加えて炒める。牛乳と鶏肉を加えて10分ほど軽く煮て、塩(分量外)で味を調える。

5 器に盛り、チーズをのせる。

BOILED IN WHITE WINE

鶏肉の白ワイン煮スープ

鶏肉と相性のよい白ワインを使い、
ケイパーやドライトマトでうまみをプラス。

材料（3〜4人分）

鶏もも肉（ひと口大に切る）…2枚
ベーコン（短冊切り）…3枚
玉ねぎ（粗みじん切り）…1/2個
にんにく（みじん切り）…1片
オリーブ（種抜き）…60g
ケイパー…30g
ドライトマト…5g
ローリエ…1枚
ひき肉スープストック…800ml
（または水800ml+
顆粒コンソメ小さじ2）
オリーブオイル…大さじ1
白ワイン…200ml
小麦粉…大さじ2
塩、こしょう…各適量
パセリ（みじん切り）…少々

作り方

1　鶏肉に塩（小さじ1弱）を揉み込んで小麦粉をまぶしつける。鍋にオリーブオイルをひき、鶏肉を両面焼いて取り出す。

2　①の鍋でベーコン、玉ねぎ、にんにくを炒め、しっとりとしてきたら鶏肉を戻し入れる。

3　白ワインを加えてひと煮立ちさせ、オリーブ、ケイパー、ドライトマト、ローリエ、スープストックを入れて弱火で20分煮る。塩、こしょうで味を調える。

4　器に盛り、パセリを散らす。

牛すじの
塩煮込みスープ

牛すじは時間をかけてじっくり煮込むことで
やわらかくトロトロの食感に。

材料（3〜4人分）

牛すじ…400g
大根（1cm厚さのいちょう切り）…400g
A ┌ しょうが（潰す）…1片
  │ にんにく（潰す）…1片
  │ だし汁…800ml
  └ 酒…100ml
みりん…大さじ2
しょうゆ…大さじ1
塩…小さじ1/2
細ねぎ（小口切り）…4本
粗挽き黒こしょう…適量

作り方

1 牛すじはたっぷりの水でゆでこぼし、ざるに上げる。冷めたら大きめのひと口大に切る。

2 鍋に牛すじとAを入れて煮る。煮立ったら弱火にして60〜90分煮込む。途中汁が減ったら牛すじが浸る程度に水を足す。

3 大根、みりん、しょうゆ、塩を加え、大根がやわらかくなるまでさらに15〜20分煮る。味を見て、足りなければ塩を足す。

4 器に盛り、黒こしょうを振って細ねぎをのせる。

BOILED IN RED WINE

牛肉の赤ワイン煮シチュー

赤ワインに漬けて煮込んだ牛肉は
しっとりとやわらかです。

材料 (3〜4人分)

牛すね肉(塊・5cmの角切り)…600g
マッシュルーム(半分に切る)…10個くらい
ひき肉スープストック…500ml
(または水500ml+顆粒コンソメ小さじ1)
トマトペースト(スティックタイプ)…1袋(7g)
小麦粉…適量
バター…20g
塩、こしょう…各適量
クレソン…適量

【漬け込み液】
赤ワイン…750ml
玉ねぎ(薄切り)…1/2個
にんじん(薄切り)…1/3本
にんにく(潰す)…2片
ローリエ…1枚

作り方

1 牛肉を漬け込み液に3〜4時間漬け込む(ひと晩でもよい)。

2 ①の牛肉を取り出して、水けを取る。軽く塩、こしょうを振って小麦粉をまぶしつける。漬けこみ液は野菜と液体に分けてとっておく。

3 鍋にバターを溶かし、牛肉を焼き色がつくまで焼いて取り出す。同じ鍋に漬け込み液の玉ねぎとにんじんを加えて、しっとりするまで炒める。

4 漬け込み液の液体、スープストック、トマトペーストを加え、牛肉を戻し入れて煮る。
煮立ったらアクを取り、蓋をして弱火で60分ほど煮込む。

5 肉がやわらかくなり赤ワインの酸味の角が取れたら、マッシュルームを加えてさらに5〜10分煮て、塩で味を調える。

6 器に盛り、クレソンを添える。

POT-AU-FEU

ポトフ
• • • • • • • • •

具はゴロッと大ぶりに切るのがポイント。
ベーコンからよいだしが出ます。

材料 (3〜4人分)

ベーコン (塊・4等分に切る)…200g
キャベツ (4等分のくし形切り)…1/4個
じゃがいも (メークイン・半分に切る)…2個
玉ねぎ (4等分に切る)…2個
にんじん (縦半分にしてから長さを半分に切る)…1本
にんにく (潰す)…1片
水…2000ml
┌ ローリエ…1枚
A タイム…4枝
└ 黒こしょう (ホール)…5粒
塩…適量
マスタード…適量

作り方

1 鍋に水とベーコン、にんにく、Aを入れて火にかける。
 煮立ったら弱火で40分煮る。

2 野菜を加えて蓋をし、途中でアクを取りながら30分ほ
 ど煮る。野菜がやわらかくなったら、塩で味を調える。

3 器に盛り、マスタードを添える。

フェイジョアーダ

· ·

スパイスの風味が食欲を誘う、
肉と豆を煮込んだブラジルの国民食。

材料（3～4人分）

豚バラ塊肉…200g
レッドキドニービーンズ…200g
ベーコン（1cm幅の棒状に切る）…150g
チョリソー（ぶつ切り）…4本
玉ねぎ（みじん切り）…1/2個
にんにく（みじん切り）…2片分
ひき肉スープストック…800ml
（または水800ml+
顆粒コンソメ小さじ2）
オリーブオイル…適量
┌ オールスパイス…小さじ1/2
A チリパウダー…小さじ1
└ 塩…小さじ1/2

作り方

1 豚肉は1cm厚さに切る。Aを揉み込んで
10分ほどおく。

2 鍋にオリーブオイルとにんにくを入れて熱
し、香りが出たら玉ねぎを炒める。

3 豚肉を加えて炒める。キドニービーンズ、
ベーコン、チョリソーも加えてさらに炒め
る。

4 スープストックを加え20～30分煮て、塩
（分量外）で味を調える。とろりとしたら完
成。

STEWED TOMATO

ラムのトマト煮シチュー

ラムのうまみ、野菜の風味、唐辛子の
辛みが混ざり合ったスープは絶品。

材料（3〜4人分）

ラムチョップ…4本
ひよこ豆（水煮）…200g
トマトカット缶…1缶（約400g）
セロリ（薄切り）　…1本
玉ねぎ（みじん切り）…1/2個
にんにく（みじん切り）…1片
赤唐辛子（乾燥・輪切り）…1/2本分
ひき肉スープストック…800ml
（または水800ml＋顆粒コンソメ小さじ2）
オリーブオイル…適量
カレー粉…小さじ1
塩、こしょう…各適量

作り方

1 ラムチョップに塩、こしょう少々とカレー粉
　を振って揉み込む。

2 鍋にオリーブオイル（大さじ1程度）をひき、
　①を両面焼いて取り出す。

3 ②の鍋にオリーブオイル（小さじ2程度）を
　足し、セロリ、玉ねぎ、にんにく、唐辛子
　を加えてしっとりとするまで炒める。

4 ひよこ豆、トマト缶、ラムチョップとスープ
　ストックを加え、強火で煮る。煮立ったら
　弱火にして20分ほど煮込み、塩で味を調
　える。

BAK KUT TEH
肉骨茶

スペアリブを八角やシナモンなどの
スパイスと一緒にじっくり煮込みます。
お肉はホロホロです。

材料（3〜4人分）

豚スペアリブ…500g	しょうが（薄切り）…10g
玉ねぎ（くし形切り）…1個	にんにく（潰す）…1片
長ねぎ（ぶつ切り）…1本	八角…1個
干ししいたけ…5枚	黒こしょう（ホール）…10粒程度
水…1500ml	シナモンスティック…1本
	クローブ（ホール）…4粒
	ローリエ…1枚
	オイスターソース…大さじ1
	しょうゆ…小さじ2
	塩…小さじ1/4

作り方

1 ボウルに水と干ししいたけを入れ、干ししいたけが
浸るようにラップをしてひと晩おく。戻し汁はとって
おき、戻したしいたけは2〜4等分に切る。

2 スペアリブはゆでこぼし、さっと洗って水けを拭く。

3 鍋にしいたけの戻し汁とすべての材料を入れて火
にかける。煮立ったら弱火にし、途中アクをとりな
がら2時間煮る。味を見て足りなければ塩（分量
外）で調える。

KOREAN STYLE SOUP

豚肉とじゃがいもの
韓国風スープ

味噌とコチュジャンを使った
こっくり味のピリ辛スープ。

材料（3〜4人分）

豚スペアリブ…500g
長ねぎ（斜め切り）…1/2本
じゃがいも（半分に切る）…3個
水…1000ml
┌ にんにく（すりおろす）…2片
│ しょうが（すりおろす）…1片
│ 味噌…大さじ4
A コチュジャン…大さじ2
│ 酒…大さじ2
│ 砂糖…大さじ1
└ 一味唐辛子…小さじ1〜（好みで）
ごま油…大さじ1
すりごま（白）…大さじ2
えごまの葉（なければ青じそ）…4枚

作り方

1 スペアリブはゆでこぼし、さっと洗って水けを拭く。Aは混ぜ合わせておく。

2 鍋にごま油をひき、スペアリブを両面に焼き色がつくまで焼く。

3 じゃがいも、A、水を加え、蓋をして30分ほど煮る。味を見て足りないようならしょうゆ（分量外）などで調える。

4 長ねぎを加えて5分ほど煮て、すりごまとちぎったえごまの葉を加える。

ACQUAPAZZA STYLE SOUP

アクアパッツァ風スープ

魚介のうまみたっぷりの豪華な一皿ですが
水で煮込むだけなので意外と簡単です。

材料 (3〜4人分)

白身魚※ (切り身)…4切れ
あさり (砂抜きする)…300g
ミニトマト (横半分に切る)…12個
ブラックオリーブ (種抜・半分に切る)…12個
にんにく (潰す)…1片
水…500ml
オリーブオイル…大さじ3
白ワイン…大さじ3
塩…適量
イタリアンパセリ…適量

※金目鯛、メバル、鯵など好みのもの

作り方

1 魚に軽く塩を振る。

2 フライパンにオリーブオイル (大さじ1) をひき、にんにく、魚を入れて焼く。

3 魚に軽く焼き色がついたら白ワインを加えてひと混ぜし、水を加える。あさり、ミニトマト、オリーブも加えて7〜8分煮る。

4 オリーブオイル (大さじ2) を加えて乳化するように混ぜ、塩で味を調える。

5 器に盛り、イタリアンパセリをのせる。

GLASS NOODLE SOUP

白菜と春雨のスープ煮

やわらかく煮込んだ白菜が美味。
ランチや夜食にもぴったりです。

材料（3〜4人分）

豚バラ薄切り肉（3等分に切る）…400g
白菜（芯は細切り、葉はざく切り）…1/4個
干ししいたけ…6個
春雨…50g
水…1500ml
ごま油…大さじ2
塩、一味唐辛子…各適量

作り方

1 ボウルに水と干ししいたけを入れ、しいた
けが浸るようにラップをしてひと晩おく。戻し
たしいたけは4等分に切る（戻し汁はとって
おく）。春雨はお湯で表示通りに戻し、水け
を切って食べやすい長さに切る。

2 鍋に干ししいたけの戻し汁、干ししいたけ、
白菜の芯を入れて火にかける。煮立ったら
弱火にし、蓋をして15〜20分煮る。

3 豚バラ肉を広げて加える。肉の色が変わっ
たら、ごま油半量と白菜の葉を加えて蓋を
し、さらに10分ほど煮る。

4 春雨を加えてさらに5分煮込み、塩、一味
唐辛子で味を調える。残りのごま油をまわ
しかける。

世界のスープ

世界各地で親しまれているスープ料理。
この章では、ヨーロッパ、アジア、南米など
さまざまな地域のスープを集めて
作りやすいレシピで紹介します。
どれも各国を代表する人気のスープです。
食卓で世界を旅してみましょう。

グヤーシュ

━━ ［ハンガリー］

牛肉と野菜をパプリカで煮込むハンガリーの国民食です。
牛肉に下味をつけ、焼きつけてから煮るのがポイント。

材料（4〜5人分）

牛塊肉※（3cmの角切り）…500g
玉ねぎ（粗みじん切り）…1個
セロリ（2cmの角切り）…1本
にんじん（2cmの角切り）…1本
トマト（ざく切り）…2個
パプリカ（赤・小さめの乱切り）…1個
じゃがいも（2cmの角切り）…2個
水…1800ml
┌ にんにく（粗みじん切り）…2片
A 赤唐辛子…1/2本
└ キャラウェイシード…小さじ1と1/2
パプリカパウダー…大さじ2
ローリエ…1枚
オリーブオイル…大さじ3
┌ 塩…小さじ1と1/2
B こしょう…少々
└ オリーブオイル…大さじ1
塩、こしょう…各適量

※すね肉、肩バラ肉など

作り方

1 牛肉はBを揉み込み、10分おく。

2 鍋にオリーブオイル大さじ2を熱しAを弱火で炒める。香りが出たら弱めの中火にして玉ねぎ、セロリ、にんじんを加えてしっとりするまで炒める。途中で塩少々を振る。

3 ②にパプリカパウダーを加える。混ざったらトマトも加え、潰しながら炒める。

4 フライパンにオリーブオイル大さじ1をひいて、①の牛肉を両面に焼き色がつくまで焼き、③の鍋に入れる。水の一部をフライパンに入れてうまみをこそげとり、③の鍋に加える。

5 鍋に残りの水とローリエを入れ、強火にかける。煮立ったら弱火にしてアクを取りながら60分ほど煮る。途中で水が減ったらかぶる程度に補う。

6 パプリカとじゃがいもを加えてさらに30分ほど煮て、塩、こしょうで味を調える。

SOPA DE AJO

ソパ・デ・アホ

[スペイン]

「にんにくのスープ」の名前の通り
たっぷりのにんにくを使ったスペインのスープ。

材料（3〜4人分）

にんにく（薄切り）…10片
生ハム（細切り）…80g
バケット（ちぎる）…120g
卵…3個
ひき肉スープストック…1000ml
（または水1000ml+顆粒コンソメ小さじ2）
パプリカパウダー…大さじ1
オリーブオイル…大さじ3
塩、こしょう…各適量
イタリアンパセリ（みじん切り）…1枝

作り方

1 鍋ににんにくとオリーブオイルを入れ、弱火で焦がさないよう炒める。泡が
立ち香りが出たら弱めの中火にし、生ハムを加えて炒める。

2 パプリカパウダーを加え、混ざったらバケットも加えて馴染むまで炒める。

3 スープストックを加え、強火にする。煮立ったら弱火にして5〜6分煮て、
塩、こしょうで味を調える。

4 強火にして煮立て、割りほぐした卵を細く流し入れてひと混ぜする。器に
盛り、イタリアンパセリを散らす。

CALDO VERDE
カルドヴェルデ
· · · · · · · · · · · · · · · · · · ·

[ポルトガル]

「緑のスープ」を意味する
ポルトガルの代表的なスープ。
ケール、じゃがいも、チョリソーを使った
シンプルなひと皿です。

材料（3〜4人分）

ケール（みじん切り）…200g
じゃがいも（さいの目切り）…3個（400g）
チョリソー（薄切り）…150g
玉ねぎ（みじん切り）…1/2個
にんにく（粗みじん切り）…3片
ひき肉スープストック…1000ml
（または水1000ml+顆粒コンソメ小さじ2）
オリーブオイル…大さじ2
塩、こしょう…各適量

作り方

1 鍋にオリーブオイルとにんにくを入れ弱火
  で炒める。香りが出たら、玉ねぎも加えてし
  っとりするまで炒める。

2 チョリソーの半量、じゃがいもを加えて炒め
  る。全体が混ざったらスープストックを加え
  て強火にし、煮立ったら弱火で20分煮る。

3 じゃがいもがやわらかくなったら潰すように
  混ぜる。残りのチョリソーとケールを加え10
  分煮て、塩、こしょうで味を調える。

4 器に盛り、オリーブオイル（分量外）を垂らす。

SCOCH BROTH

スコッチブロス

・・・・・・・・・・・・・・・・・・・・・

✕ ［スコットランド］

肉、野菜、麦などの穀物を煮込んで作る
スコットランドの伝統的な具沢山スープ。

材料（3〜4人分）

牛肉（ももやバラ・ひと口大）…300g
玉ねぎ（1cmの角切り）…1/2個
にんじん（1cmの角切り）…1/3本
かぶ（1cmの角切り）…2個
じゃがいも（1cmの角切り）…2個
押し麦…大さじ3
パセリ…1枝
ひき肉スープストック…800ml
（または水800ml+
顆粒コンソメ小さじ2）
オリーブオイル…大さじ1
塩、こしょう…適量

作り方

1 パセリは茎と葉に分け、葉はみじん切り
　 にする。

2 鍋にオリーブオイルを熱し、牛肉、玉ね
　 ぎ、にんじんを炒める。

3 スープストックとパセリの茎の部分を加
　 え、強火にする。煮立ったら弱火にして蓋
　 をし、アクを取りながら30〜40分煮る。

4 かぶ、じゃがいも、押し麦を加えてさらに
　 15分煮て、塩、こしょうで味を調える。器
　 に盛り、パセリの葉を散らす。

EZOGELIN ÇORBASI

花嫁のスープ

【トルコ】

花嫁が嫁ぎ先のお義父さんの
健康のために作ったことが
呼び名の由来とされる
レンズ豆のスープ。
最後に添えるミントが
アクセントです。

材料（3〜4人分）

レンズ豆…80g
トマト（ざく切り）…1個
玉ねぎ（みじん切り）…1/4個
にんにく（みじん切り）…1片
ひき肉スープストック…1000ml
（または水1000ml+顆粒コンソメ小さじ2）
A ┌ トマトペースト（スティックタイプ）…1袋（7g）
　│ パプリカパウダー…大さじ1
　│ カイエンペッパー
　└ （または一味唐辛子）…小さじ1/2〜1（好みで）
バター…20g
塩、粗挽き黒こしょう…各適量
ミント、レモン（あれば）…各適宜

作り方

1 鍋にバターを溶かし、玉ねぎとにんにくをしっとりするまで弱火で炒める。

2 トマトとAを加えて、なじむまで炒める。

3 スープストックとレンズ豆を加えて強火にする。煮立ったら弱火にしてレンズ豆がやわらかくなるまで30分煮る。塩と黒こしょうで味を調える。

4 器に盛り、ミントとレモンを添える。

HÄSE SUPPE
ケーゼズッペ
. . . .

▬ ［ドイツ］

ケーゼとはドイツ語でチーズのこと。
たっぷりのチーズとふわふわのバゲットが美味しい
コクのあるスープです。

材料（3～4人分）

牛ひき肉…200g
玉ねぎ（1cm角）…1/2個
長ねぎ（1cmのぶつ切り）…1本
バゲット（ひと口大にちぎる）…100g
シュレッドチーズ…60g
白ワイン…100ml
ひき肉スープストック…1000ml
（または水1000ml+顆粒コンソメ小さじ2）
バター…20g
塩、粗挽き黒こしょう…各適量
パセリ（みじん切り）…少々

作り方

1 鍋にバターを溶かし、玉ねぎと長ねぎを炒める。
  しっとりとしたら牛ひき肉を加え、あまり触らず焼
  きつけるよう両面焼き、ほぐす。

2 バゲットを加えて炒め、混ざったら弱火にしてチ
  ーズを加えて混ぜる。白ワインを少しずつ加え、
  鍋をこそげるようにしてなじませる。

3 強火で煮立て、スープストックを加える。煮立っ
  たら弱火にして20～30分煮る。

4 塩、黒こしょうで味を調える。器に盛り、パセリ
  を散らす。

ヘルネケイット

● ● ● ● ● ● ● ● ● ● ● ● ● ● ● ●

➕ ［フィンランド］

フィンランドでは「木曜日のスープ」として親しまれている国民食。
グリーンピースは手に入りやすい冷凍でもかまいません。

材料（3～4人分）

グリーンピース（冷凍でも可）…400g
豚ひき肉…200g
ベーコン（短冊切り）…3枚
玉ねぎ（みじん切り）…1/2個
野菜スープストック…800ml
（または水800ml+顆粒コンソメ小さじ2）

ローリエ…1枚
ドライマジョラム…小さじ1
塩、こしょう…各適量

作り方

1 鍋にグリーンピース、ベーコン、玉ねぎ、スープストック、ローリエを入れて強火にかける。

2 煮立ったら中火にし、豚ひき肉をほぐしながら加える。アクを取りながら、グリーンピースがやわらかくなるまで弱火で煮る。

3 グリーンピースを木べらで軽く潰す。マジョラムを加え、塩、こしょうで味を調える。

MULUKHIYAH

モロヘイヤのスープ

〓［エジプト］

モロヘイヤを細かく刻むことで
自然なとろみが出ます。
変色しやすいのでさっと煮るのがポイントです。

材料（3〜4人分）

モロヘイヤ…100g
玉ねぎ（みじん切り）…1/4個
にんにく（みじん切り）…2片
ひき肉スープストック…800ml
（または水800ml＋顆粒コンソメ小さじ2）
バター…15g
オリーブオイル…大さじ1
クミンパウダー…小さじ1/2
塩、粗挽き黒こしょう…各適量
レモン…少々

作り方

1 モロヘイヤは葉を摘み取って細かく刻む。

2 鍋にバターとオリーブオイルを入れ、玉ね
　ぎとにんにくを炒める。クミンパウダーを加
　えてさらに炒める。

3 スープストックを加える。煮立ったら火を
　弱めてモロヘイヤを加え、軽く煮て塩、黒
　こしょうで味を調える。

4 器に盛り、レモンを軽く絞り、オリーブオイ
　ル（分量外）をまわしかける。

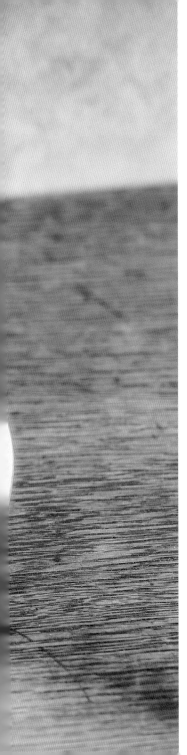

HARIRA
ハリーラ
. . . .

▨▨ ［モロッコ］

モロッコでは断食明けのひと皿としても定番。
やわらかい豆たっぷりで滋味深いスープです。
お肉、豆、野菜をコトコト煮込んで作ります。

材料（3〜4人分）

牛肉薄切り（細切り）…300g
ひよこ豆（水煮またはドライパック）…350g
トマト（ざく切り）…大2個（400g）
セロリ（葉ごとみじん切り）…1本
玉ねぎ（みじん切り）…1/2個
しょうが（みじん切り）…2片
┌ コリアンダーパウダー…小さじ1
A*ターメリックパウダー…小さじ1
└ シナモンパウダー…小さじ1/2
ひき肉スープストック…1000ml
（または水1000ml+顆粒コンソメ小さじ2）
小麦粉…大さじ2
オリーブオイル…大さじ2
塩、こしょう…各適量
レモン（輪切り）…適量

※Aの代わりにカレーパウダー小さじ2でもよい

作り方

1 鍋にオリーブオイルを入れ、セロリ、玉ね
ぎ、しょうがを炒める。しっとりしたらAを
加えて炒める。

2 牛肉と小麦粉を加える。粉っぽさがなく
なったら、トマトを加えて潰しながら炒
め、塩少々を振る。

3 ひよこ豆、スープストックを加えて強火で
煮る。煮立ったら弱火で30分煮て、塩、
こしょうで味を調える。

4 器に盛り、レモンを添える。

SOPA DE LIMA
ソパ・デ・リマ

🇲🇽 ［メキシコ］

ライムを使った爽やかなスープ。
鶏肉のゆで汁を使うのでうまみたっぷりです。

材料（3〜4人分）

鶏胸肉…1枚
トマト（ざく切り）…1個
玉ねぎ（粗みじん切り）…1/2個
青唐辛子（みじん切り）…1本
にんにく（潰す）…2片
ライム（輪切り）…1個
┌ 八角…1個
A シナモンスティック…1本
└ オレガノ（ドライ）…小さじ1
水…1000ml
サラダ油…大さじ2
塩、こしょう…各適量
トルティーヤチップス（あれば）…適量

作り方

1 鍋に水と鶏肉を入れて火にかけ、弱火で30分
  ほどゆでる。鶏肉を取り出し、冷めたら裂く。ゆ
  で汁はとっておく。

2 別の鍋にサラダ油とトマト、玉ねぎ、青唐辛子、
  にんにくを入れ炒める。Aを加えてさらに炒める。

3 ②の鍋に①のゆで汁を加え、煮立ったらライム
  を加えて弱火で15分煮る。①の鶏肉を加えて
  塩、こしょうで味を調える。

4 器に盛り、トルティーヤチップスを添える。

GUMBO SOUP
ガンボスープ
. . . .

🇺🇸 ［アメリカ］

肉や魚介を煮込んで作る、
スパイスがきいたトマトベースのスープ。

材料（3〜4人分）

鶏もも肉（小さめのひと口大）…1枚
海老（殻をむく）…6〜8尾
チョリソー（1cm厚さの輪切り）…2本
オクラ（1cm厚さの輪切り）…200g
トマト（ざく切り）…2個
パプリカ（赤・小さめの乱切り）…1個
セロリ（さいの目切り）…1本
玉ねぎ（さいの目切り）…1/2個
にんにく（粗みじん切り）…2片
ひき肉スープストック…1000ml
（または水1000ml+顆粒コンソメ小さじ2）
薄力粉…30g
バター…30g
オリーブオイル…大さじ1
ケイジャンスパイスミックス※…大さじ1
塩、粗挽き黒こしょう…各適量

※なければ、カレー粉小さじ1、一味唐辛子小さじ1/2、オレガノ小さじ1で代用可

作り方

1 フライパンにバターを溶かし、薄力粉を加えて弱火でじっくり茶色くなるまで炒める。

2 鍋にオリーブオイルをひき、鶏肉とチョリソーを炒める。焼き色がついたら、セロリ、玉ねぎ、にんにくを加えて炒める。
なじんだらオクラ、トマト、パプリカ、ケイジャンスパイスミックスを加えて炒める。

3 ①のルーを入れて混ぜ合わせる。スープストックを少しずつ加えてのばし、強火で煮立たせてから、弱火で30分〜40分煮る。

4 海老を加え、塩で味を調えて軽く煮る。器に盛り、黒こしょうを振る。

RASAM

ラッサム

・・・・・・・・・・・

🇮🇳 ［インド］

南インドの食卓に欠かせない汁物。
トマトの酸味とスパイスの辛みが食欲をそそります。
ダル（豆）はやわらかくなるまでじっくりゆでて。

材料（3〜4人分）

トマト（ざく切り）…2個
トゥールダル…40g
野菜スープストック…600ml
（または水600ml+顆粒コンソメ小さじ2）
タマリンドペースト※…大さじ1
　┌ 赤唐辛子…1〜2本（好みで）
A　クミンシード…小さじ1
　└ マスタードシード…小さじ1
　┌ ターメリックパウダー…小さじ1/2
　│ カイエンペッパー…小さじ1/3
B　クミンパウダー…小さじ1/2
　│ 粗挽き黒こしょう…小さじ1
　└ 塩…小さじ1/2
サラダ油…大さじ2
パクチー…適量

※なければ梅干し2個で代用可

作り方

1 鍋にたっぷりの水とトゥールダルを入れて40分ほどゆで、やわらかくなったら粗めに潰す。スープストックにタマリンドペーストを入れて混ぜ合わせておく。

2 別の鍋にサラダ油とAを入れて炒める。香りが立ったらトマトを加えて炒める。

3 ②の鍋にBを加え、トマトを潰すようにしながら炒め合わせる。とろりとしてきたら①のスープストックを加える。

4 ①のトゥールダルを加えて混ぜ、ひと煮立ちさせる。塩（分量外）で味を調える。

5 器に盛り、パクチーをのせる。

しらいしやすこ

フードコーディネーター養成学校卒業後、料理家のアシスタントを経て、独立。広告や書籍、雑誌などの撮影を中心に、レシピ作成や料理制作、スタイリングを手がける。企業広告撮影から家庭料理のレシピ本まで、幅広く活躍。趣味は山登りとパン作り。

撮影
福田諭

カバー・本文デザイン
PETRICO

スタイリング
amado

編集制作
矢作美和、大坪美輝
（バブーン株式会社）

企画・編集
尾形和華
（成美堂出版編集部）

スープ

著　者　しらいしやすこ
発行者　深見公子
発行所　成美堂出版
　　　　〒162-8445　東京都新宿区新小川町1-7
　　　　電話(03)5206-8151　FAX(03)5206-8159
印　刷　共同印刷株式会社